Camille JOUHANNEAUD

JEANNE D'ALBRET

ET LES LIMOUSINS

LIMOGES
IMPRIMERIE ET LIBRAIRIE LIMOUSINE
Ve H. DUCOURTIEUX
Libraire de la Société archéologique et historique du Limousin
7, RUE DES ARÈNES, 7

1897

JEANNE D'ALBRET

ET LES LIMOUSINS

Camille JOUHANNEAUD

JEANNE D'ALBRET

ET LES LIMOUSINS

LIMOGES
IMPRIMERIE ET LIBRAIRIE LIMOUSINE
Ve H. DUCOURTIEUX
Libraire de la Société archéologique et historique du Limousin
7, RUE DES ARÈNES, 7

1897

JEANNE D'ALBRET

Et les Limousins

Lorsqu'une grande figure historique a joué un rôle dans les événements d'un pays, d'une province ou d'une cité, qu'elle y a par ses actes, son caractère ou sa politique tenu une large place, il est bien rare à quelques siècles d'intervalle que sa mémoire se soit conservée parmi les générations postérieures dans toute son intégrité et que la légende, cette poésie parfois un peu folle de l'histoire, n'y ait pas ajouté certaines amplifications.

Cette remarque peut s'appliquer dans quelque mesure à la personnalité de Jeanne d'Albret, reine de Navarre, vicomtesse de Limoges, au point de vue des souvenirs qui sont restés d'elle dans notre contrée. Au cours de sa carrière si mouvementée et pendant les dernières années de sa vie tout au moins, la célèbre princesse a entretenu avec ses vassaux du Limousin des rapports multiples et fréquents ; ses voyages, ses démêlés avec les bourgeois de Limoges au sujet des droits seigneuriaux et surtout de la question de religion, ses efforts persévérants pour acclimater le culte réformé dans une province qui relevait de son patrimoine, tous ces faits ont laissé dans nos annales locales une trace assez profonde (1). Par cela même l'imagination populaire dût en être frappée et cette impression transmise à travers les âges a bien pu sans doute avoir pour effet de dénaturer la réalité des faits et donner lieu à des croyances fictives et sans apparences même de fondement.

(1) De 1556 à 1572, les registres consulaires du Château de Limoges contiennent au moins 150 pages sur les événements auxquels la reine a été plus ou moins mêlée.

Ne serait-ce point à une origine de cette sorte qu'il faudrait faire remonter une tradition assez singulière, d'après laquelle la reine de Navarre aurait habité le château d'Aixe durant la dernière partie de son existence et y aurait même été inhumée? tradition ou plutôt légende, fort vague et peu accréditée même, semble-t-il, parmi les habitants de l'attrayante petite localité voisine de Limoges, mais qui toutefois ne paraît pas avoir pris naissance dans le cerveau fantaisiste de quelque contemporain (1).

En effet, le *Dictionnaire géographique, historique, industriel et commercial* de Girault de Saint-Fargeau contient à l'article « Aixe » cette mention : « La tradition rapporte que Jeanne d'Albret, reine de Navarre, en fit sa résidence (du château) pendant les dernières années de sa vie et qu'elle y est enterrée ».

Le témoignage d'un dictionnaire est une faible autorité en la matière ; mais l'auteur de la notice n'a rien inventé apparemment ; il n'a dû faire que puiser ses renseignements dans un écrit antérieur, sans doute dans un de ces ouvrages qui n'ont pas grand chose à voir avec la critique et la vérité historique.

La tradition a contre elle, en tous cas, non seulement toutes les vraisemblances, mais encore les témoignages les plus authentiques ; les mémoires du temps permettent de suivre la carrière de Jeanne d'Albret, sans laisser la moindre place pour une résidence au château d'Aixe, et les circonstances qui suivirent sa mort n'autorisent pas davantage la possibilité d'une inhumation en ce lieu. Il convient même dès à présent de faire observer que l'un de nos principaux annalistes limousins, le Père Bonaventure de Saint-Amable, a rapporté que la reine fût enterrée à Lescar dans la sépulture de ses aïeux. On verra plus loin que cette assertion du Père Bonaventure repose sur une simple conjecture ; car il y a, pour dire vrai, un certain doute, une question à poser et à résoudre en ce qui concerne le lieu de l'inhumation définitive de la reine de Navarre ; mais le château d'Aixe n'a rien à faire dans cette question.

De la légende il faut donc revenir à l'histoire.

Mais de cela même qu'une légende a pu exister, il nous a paru d'un certain intérêt de rappeler cette curieuse figure de Jeanne d'Albret et de rechercher quels furent exactement ses agissements en Limousin et ses relations avec les habitants de cette province.

(1) Il y a quelques années, à propos d'un article inséré dans un journal de Limoges où le fait était indiqué, un de nos concitoyens, originaire d'Aixe, nous affirma avoir vu ce fait rapporté dans un ouvrage fort ancien, dont il ne put nous faire connaître, il est vrai, ni le titre ni l'auteur.

Au cours de cette esquisse rapide et succincte, nous retrouverons bien des faits déjà connus par la lecture de nos chroniques, déjà même commentés et appréciés par quelques-uns de nos érudits les plus compétents. Mais nous avons essayé de les grouper, en nous plaçant à un point de vue tout spécial, pour en faire ressortir plus distinctement le rôle du personnage dont nous nous occupons. Les lecteurs y pourront juger de l'étendue de ce rôle sous ses différents aspects et discerner eux-mêmes si dans ces faits une légende quelconque devait trouver quelque racine.

I

La province du Limousin faisait partie de l'apanage des rois de Navarre, depuis le mariage accompli, en 1470, de Françoise de Blois avec Alain, sire d'Albret, qui fut le bisaïeul de Jeanne. Cette princesse devint elle-même vicomtesse de Limoges, à la suite de son père Henri d'Albret, mort en 1555, et en l'honneur duquel les consuls firent célébrer, le 15 juin de cette même année, sur la demande de M. d'Hautefort, gouverneur du Limousin, un service funèbre en l'église collégiale de Saint-Martial.

Jeanne d'Albret avait épousé en 1548 Antoine de Bourbon, duc de Vendôme (1).

(1) Le contrat de mariage est du 20 octobre 1548.
De cette union naquirent quatre enfants : 1° Henri, duc de Beaumont, né au château de Coucy le 21 septembre 1551 et mort à La Flèche le 20 août 1553 ; 2° Henri IV, né à Pau le 14 décembre 1553, baptisé le 6 mars suivant ; 3° un autre fils né au château de Gaillon, en Normandie, le 19 février 1554, et qui périt l'année même de sa naissance d'une chûte par une fenêtre due à l'imprudence de sa nourrice ; 4° une fille, Catherine de Bourbon, princesse de Navarre, née le 7 février 1559, mariée le 30 janvier 1599 à Henri de Lorraine, duc de Bar, morte sans postérité le 13 février 1604. Quelques historiens font mention d'une autre fille qui serait née le 13 avril 1556 et morte quelques jours après sa naissance.

Il est constant que quatre années avant son mariage avec Antoine de Bourbon, Jeanne d'Albret avait été unie avec Guillaume de La Mark, duc de Clèves ; mais ce mariage, imposé par des influences politiques, ne fut pas consommé et la nullité en fut prononcée par le Saint-Siège l'année d'après (1545). M. le baron de Ruble a publié un historique intéressant des péripéties de ce mariage dans le tome XIV des publications de la Société de l'histoire de France.

Voir aussi l'ouvrage de M. de Rochambeau qui a pour titre : *Antoine de Bourbon et Jeanne d'Albret*, (Galerie des hommes illustres du Vendômois).

Dans l'année qui suivit leur avènement, les deux époux firent leur premier voyage dans la province et visitèrent Limoges, sa capitale. Les consuls avaient été avisés de leur intention par une lettre d'Antoine qu'avait transmise M. d'Escars, et le voyage devait de prime abord s'effectuer au mois de mai 1555 ; mais il fut retardé par des circonstances politiques et n'eût lieu qu'au mois de décembre suivant. Arrivés en Haut-Limousin, les princes passèrent la nuit du 10 décembre au château des Cars et se rendirent le lendemain au château d'Isle où les magistrats, accompagnés d'un grand nombre d'habitants, vinrent leur apporter les clefs de la ville et leurs congratulations ; de là ils partirent le même jour pour Limoges, avec une escorte de seigneurs et de prélats et s'arrêtèrent au prieuré de Saint-Gérald ; ils couchèrent au prieuré et le jour suivant eut lieu leur entrée solennelle en nos murs.

Les registres consulaires donnent de longs et curieux détails sur les préparatifs de la fête, sur le défilé des autorités, des corporations et de la milice et sur l'entrée du roi et de la reine qui eut un caractère très imposant ; une pompe somptueuse y fut déployée et trois grandes pièces en vers ou moralités furent exécutées pendant le parcours. Les princes firent du reste chacun leur entrée à part et descendirent ensuite au château du Breuil. Les cérémonies et les fêtes continuèrent le lendemain et les jours suivants, et le surlendemain, ajoute notre chronique, on fit hommage aux illustres visiteurs de deux magnifiques pièces d'orfèvrerie en or, parfaitement travaillées et contenues dans des coupes d'argent.

Les princes séjournèrent à Limoges pendant toutes les fêtes de Noël et n'en repartirent que le 28 décembre, accompagnés avec grand honneur par les magistrats et les habitants jusqu'au lieu du Majambost, à une demi-lieue de la ville (1).

Cet empressement des bourgeois à bien recevoir leurs vicomtes était non seulement une marque de haute déférence à leur égard, mais aussi sans doute un acte de bonne politique. Depuis longtemps en difficulté et même en lutte avec eux, malgré les arrêts de justice, au sujet de l'exercice des droits seigneuriaux, ils opposaient à leurs revendications une inertie ou des négociations patientes dans lesquelles ils se sentaient soutenus par le pouvoir royal toujours grandissant ; mais ils estimaient à juste titre devoir plus attendre, pour la solution du conflit, de la bienveillance de leurs suzerains que des décisions des parlements.

(1) *Registres consul.*, t. II, pages 105 et suiv., 108 et suiv.
V. aussi les ouvrages du Père Bonaventure de Saint-Amable et de P. de Jarrige.

A ces causes de dissentiments assez sérieuses, car elles touchaient aux intérêts pécuniaires, allaient bientôt venir s'ajouter des différends d'un ordre plus général, mais encore plus graves pour l'époque. La question religieuse, en effet, préoccupait déjà vivement les esprits, soulevait les passions et suscitait de grands embarras. Le Limousin n'avait pu échapper au contact et à l'invasion des idées réformistes qui avaient conquis dans le Midi et dans l'Ouest de la France d'assez nombreux adeptes. Le mouvement était encore peu sensible, et n'était pas appelé d'ailleurs à prendre une grande extension. Mais depuis un certain nombre d'années déjà, les calvinistes avaient pris pied sur certains points de la région, à Beaulieu, à Pierrebuffière, à Aubusson, au Vigean, à Uzerche où les chefs de l'abbaye eux-mêmes avaient pris l'initiative du mouvement ; quelques années plus tard, leur présence ou leur influence était constatée à Rochechouart, à Saint-Junien, à Aixe, dans quelques autres localités encore ; à Saint-Yrieix, au mois de janvier 1561, les gens de la nouvelle religion célébrèrent la cène dans la maison d'un viguier de cette ville, en présence de trois ministres (1). La Marche et le Bas-Limousin, où le pouvoir central se faisait sentir de moins près, se montraient encore plus accessibles aux idées nouvelles.

A Limoges, la propagande rencontrait une résistance des plus énergiques ; cette ville avait assisté en 1555 au triste spectacle du supplice de Guillaume du Dognon, vicaire de la Jonchère, brûlé comme hérétique sur la place des Bancs. Les répressions ou les menaces n'empêchaient point cependant les manifestations de se produire. En 1559, le libraire Guillaume de La Nouaille publia à Limoges un cathéchisme extrait de celui de Genève par Jean Reymond Merlin et une édition vulgaire du Nouveau testament (1). Vers le même temps, un pasteur du nom de Lafontaine faisait des prédications dans les bois du Moulin-Blanc, aux environs de la ville ; ces prédications et les assemblées s'étendirent bientôt jusque sous les murs de celle-ci, à la Borie, à Montjauvy, à la Couture. En 1561, après l'édit de tolérance inspiré par la politique modérée du chancelier de l'Hospital, les réformés transportèrent leurs prêches dans les maisons ; ils achetèrent même l'immeuble de l'orfèvre Jean Bertrand, situé près de l'hôpital Saint-Martial, et c'est là qu'on venait entendre le ministre Brunel Peleus du Parc, qui peut être considéré comme le véritable organisateur de la nouvelle église à Limoges ; autour de sa chaire, affirment quelques chroniques,

---

(1) *Histoire de la Réforme dans la Marche et le Limousin*, par M. Alfred Leroux, p. 24.

affluaient quantité de gens, même des enfants de Limoges ; deux moines Augustins de la ville y laissèrent, dit-on, leurs frocs.

Cette agitation n'allait point sans doute sans des querelles, sans des excès ou des violences réciproques ; les récits du temps sont remplis de faits, tels que bris de croix, profanations, même d'entreprises contre les personnes dont la preuve, il est vrai, demeure assez douteuse ; ils parlent à chaque instant de rassemblements, de prises d'armes ou d'émotions populaires et de mouvements de troupes.

Les magistrats municipaux, très perplexes, recouraient souvent à l'intervention des officiers du roi ou même au roi directement. En 1560, celui-ci délégua le maréchal des Termes pour faire une enquête au sujet d'un meurtre qui aurait été commis sur un ecclésiastique ; mais le gouverneur, M. de Ventadour, avait déjà recueilli ses informations et reconnu le mal fondé de ces bruits ; sa simple présence, assurait-il dans son rapport, avait suffi pour dissiper les assemblées de religionnaires et faire cesser les prêches publics (1).

En cette même année les consuls, pour calmer les esprits de nouveau surexcités par le fait de la mutilation d'une statue de la vierge dans l'église de Saint-Michel, envoient à la cour un de leurs secrétaires, Martial Deschamps, et le roi répond en engageant les habitants à éviter tous désordres et à faire preuve de sagesse et de modération (2).

De cette époque date la création à Limoges d'un guet ou corps de maréchaussée qui fut augmenté et renforcé dans la suite (3). En même temps les citadins s'induisaient en frais pour réparer les murailles et les portes de leur ville et la mettre en bon état de défense.

Au milieu de ces conflits et de ces sollicitudes, la tâche des

(1) *Histoire de la Réforme*, page 33.
Ces divers événements et beaucoup de ceux que nous aurons encore à relater brièvement, ont été commentés avec plus de détails par M. Achille Leymarie dans son *Histoire du Limousin* et par M. Alfred Leroux dans son *Histoire de la Réforme en Limousin*. Il faut nécessairement se reporter à ces ouvrages, comme aux mémoires contemporains, pour connaître l'histoire d'une époque qu'il nous suffit ici d'indiquer.

(2) On sait que la petite chapelle que l'on voit à l'angle nord-ouest de l'église Saint-Michel fut édifiée par le chanoine de Chauzat en commémoration du fait et en signe d'expiation.

(3) Cette période de l'histoire locale fut marquée par d'autres créations beaucoup plus importantes, par exemple celles du présidial, d'une bourse et d'un tribunal de commerce.

consuls était difficile et ingrate. Ils avaient sous leur responsabilité à veiller à la sûreté de la ville, à prévenir les troubles ou à les réprimer, à apaiser les alarmes et à prêcher la conciliation ; représentants d'une cité foncièrement catholique, fidèles eux-mêmes à leur foi religieuse, mais soumis, comme toutes les collectivités délibérantes, aux influences des partis, ils devaient en outre se conformer aux désirs et aux volontés du pouvoir royal qui parlait en maître, sans entrer en lutte ouverte avec la cour de Béarn qu'ils avaient tant de motifs de ménager ; celle-ci penchait visiblement pour la nouvelle religion et au mois d'avril 1559, Jeanne d'Albret adhérait formellement à la réforme, en prenant part à la Cène en la forme de Genève.

Cette adhésion, il est vrai, n'était pas à ce moment une déclaration de guerre aux catholiques et l'attitude de la reine de Navarre ne devait prendre un caractère militant qu'après la mort de son mari.

Le conflit demeurait donc encore à l'état latent. Au surplus, Antoine de Bourbon, après avoir subi pendant les premières années de son mariage l'ascendant du caractère et des idées de sa femme et donné même quelques gages à sa politique et au mouvement réformiste, s'était rapproché peu à peu de la cour qui l'avait fait lieutenant général du royaume. Prince doué de qualités extérieures assez brillantes, mais de mœurs légères et sans convictions, à tous égards antithèse vivante de Jeanne d'Albret, il finit par rompre complètement avec ses premières attaches et par embrasser le parti des Guise qui dirigeait alors la cour et le roi (1).

Les nouvelles dispositions du roi, non moins que son naturel assez insouciant, expliquent assez bien la facilité des rapports qu'il entretint avec les bourgeois de Limoges ; vis-à-vis d'eux, il témoigna toujours, semble-t-il, de condescendance et de bonne volonté. C'est ainsi qu'on le vit en 1559 et en 1560, à la requête des consuls, maintenir les privilèges du Château, notamment celui qui permettait aux habitants de ne pas loger les gens de guerre et de ne pas supporter la charge de leur entretien ; cette immunité était de grande importance et d'autant plus opportune que les allées et venues de gens armés n'étaient pas rares en ce temps là et que les

---

(1) Il est permis de supposer que cette sorte de conversion du prince fut secondée dans quelque mesure par ses relations avec une fille d'honneur de Catherine de Médicis, Mlle Louise de la Béraudière, demoiselle du Rouet. Antoine en eut même un fils, Charles de Bourbon, qui devint évêque de Comminges, archevêque de Rouen, et qui mourut, dit-on, de douleur en apprenant la mort de son frère Henri IV.

citadins étaient souvent des premiers à solliciter leur intervention ou leur assistance.

Fréquentes étaient les députations envoyées par les magistrats au roi de Navarre. En l'année 1560, ceux-ci apprenant que le roi se rendait à la cour de France en passant par Angoulême et Poitiers, lui envoyèrent des délégués qui ne purent le rencontrer dans la première de ces villes qu'il avait déjà quittée, mais le rejoignirent à Chaulnay en Poitou et s'acquittèrent soigneusement de leur mission. Le compte rendu du voyage et de l'entrevue ne laisse rien subsister des allégations de quelques écrivains qui ont prétendu que le roi de Navarre avait fait route par Limoges et y avait reçu la visite de huit cents gentilshommes venus pour lui promettre, au nom des réformés du Midi, leur concours et l'assistance de dix mille hommes, s'il voulait se prêter à l'enlèvement du jeune roi des mains des princes Lorrains (1).

Lorsqu'à la fin de l'année 1561, encore au rapport de notre chronique, « certains citoyens, manants et habitants de Limoges et lieux circumvoisins, sous prétexte de religion, s'emparèrent de l'église Sainte-Valérie, près et au dessous de celle des Jacobins, pour y faire des presches et assemblées, malgré l'opposition des consuls », ceux-ci en référèrent à la fois au présidial et au roi de Navarre; ce dernier reçut les deux envoyés, le consul Jean du Monteil et le chancelier de l'évêque et répondit à cette démarche par une lettre très catégorique dans laquelle il ordonnait la restitution de l'église aux mains des plaignants.

L'année d'après, au mois d'avril, les prédications et les craintes de troubles recommencèrent; les magistrats, de nouveau alarmés, demandèrent des secours de troupes; on prit des mesures de protection encore plus sérieuses que les précédentes et les habitants du faubourg Manigne ayant demandé à relever leurs murailles, cette autorisation leur fut accordée.

Antoine de Bourbon approuva pleinement la conduite des consuls et leur écrivit le 18 juin 1562, en termes très sympathiques, pour les encourager à persévérer dans leurs sentiments de fidélité au roi et à leur religion. Cette missive offrait ceci de particulier qu'elle portait à côté de la signature du prince l'indication de son nouveau

---

(1) *Registres consulaires*, t. II, p. 204.

Il convient de noter une autre ambassade envoyée par les consuls à la reine de Navarre elle-même en août 1561, mais qui n'avait d'autre but que de lui faire leurs révérences. Pour tout ce qui concernait leur conduite à tenir et la protection de leurs droits et intérêts, les magistrats s'adressaient directement à Antoine de Bourbon dont ils suivaient la politique.

titre de marquis de Limoges ; Charles IX venait, en effet, par lettres du 15 mars 1562, de réunir diverses terres et seigneuries de la vicomté de Limoges et d'ériger celle-ci en marquisat au profit d'Antoine (1).

Cette communication du prince avec ses sujets de Limoges ne fut pas la dernière ; à la date du 20 juillet 1562, il maintenait à nouveau les privilèges du Château relatifs à l'exemption du logement des gens de guerre, et peu de temps encore avant sa mort, il faisait remettre aux consuls par le comte d'Escars, son confident, qui lui aussi s'était rallié au parti des Guise (2), une lettre les assurant encore de toutes ses sympathies et les approuvant dans leur refus de remettre leurs clefs au comte de Ventadour qui les avait réclamées par excès de zèle ou pour faire parade de son autorité.

Cette dernière missive d'Antoine témoignait envers les bourgeois d'une bienveillance qui a permis au premier éditeur de nos registres consulaires, M. Emile Ruben, de dire dans une de ses notes que la forme en était vraiment heureuse. Ce fut, il y a lieu de le supposer, la dernière correspondance qu'il eut avec les Limogeauds.

Le 14 octobre de cette même année 1562, le roi de Navarre fut atteint d'une arquebusade au siège de Rouen et le 17 novembre suivant, au milieu du triomphe qui suivit la prise de cette ville, il expirait des suites de cette blessure aggravée, dit-on, par ses imprudences (3).

Son corps fut transporté à Vendôme et inhumé en l'église collégiale Saint-Georges de cette ville, où reposait déjà son fils aîné, le duc de Beaumont.

II

La mort d'Antoine de Bourbon, en rendant à sa veuve toute sa liberté d'agir, était de nature à modifier profondément la situation. Celle-ci, sans en avoir encore pris en mains la cause de la Réforme,

---

(1) Bibliothèque nationale, fonds Doat 246, f° 289 bis, avec avis sur cette création.

(2) Le comte d'Escars passait même pour avoir été le principal instigateur de la conversion politique d'Antoine.

(3) La plupart des historiens ont affirmé que le roi de Navarre mourut dans la foi catholique. Si l'on consulte cependant les *Mémoires* de Jeanne d'Albret, confirmés en ce point par quelques documents, on pourrait admettre qu'il confessa *in articulo mortis* la religion réformée.

ne cachait pas sa faveur pour ses coreligionnaires et ses intentions de propagande. Toutefois, ces intentions ne se manifestèrent nettement à l'endroit des habitants de Limoges qu'un peu plus tard et les choses ne tournèrent à l'antagonisme qu'avec la marche des événements. Bien plus, en dépit de cette cause de désaccord, et sur la question du règlement des droits seigneuriaux qui était toujours pendante, les deux parties restaient animées de sentiments très conciliants ; on souhaitait également de part et d'autre la fin du conflit, chacun sans doute au mieux de ses intérêts propres, mais sans y apporter de passion ou d'acrimonie. Le débat religieux, lorsqu'il eut éclaté, n'empêcha pas sur ce point les négociations de se poursuivre et d'aboutir à une entente, bien que la reine, ainsi qu'on le verra plus loin, eut déjà quelque motif de n'être pas satisfaite de ses vassaux de Limoges ; mais ne jugeait-elle pas elle-même opportun de se prêter à des concessions, dans la pensée que ses ménagements envers les bourgeois lui seraient peut-être de quelque utilité pour la réalisation de ses autres desseins ?

L'ordre chronologique exigerait ici que nous abordions d'abord les faits qui précédèrent ou amenèrent le débat religieux ; mais comme ce débat se continua en réalité jusqu'à la mort de la reine, il paraît plus simple de relater dès à présent les circonstances et les termes de l'arrangement qui mit un terme au litige dont nous venons de parler (1).

Cet arrangement eut pour préface des démarches assez nombreuses et des députations successives envoyées par les magistrats de la ville à leur vicomtesse. Le 20 avril 1564, ceux-ci lui adressèrent deux d'entr'eux, les sieurs Grégoire et Second qui « lui firent leurs révérences au nom des consuls et en furent bien et honnêtement accueillis » (2). Quelque temps après, nouvelles ambassades à Moulins et à Paris pour solliciter un accord sur les points en discussion (3). En dernier lieu, Jeanne d'Albret ajourna les manda-

(1) Ce procès durait depuis fort longtemps, il était même antérieur à l'année 1527, année où les *Registres consulaires* en font mention pour la première fois.

Plusieurs décisions judiciaires étaient intervenues depuis, et surtout l'arrêt du Parlement du 6 septembre 1544 qui était défavorable à la ville.

Les *Registres* donnent à cet arrêt une date erronée, celle du 16 septembre ; mais la véritable date est fournie par l'acte notarié dont il sera plus loin parlé.

(2) *Registres cons.*, t. II, p. 233.

(3) Les délégués à Moulins et Paris furent Jean Hugon, docteur ès-droit et lieutenant criminel au présidial, Martial du Boys, consul, et sire Jacques Grégoire, bourgeois et marchand, auxquels se joignit Gabriel Raymond, capitaine de la ville.

taires de la ville à Paris pour les fêtes de la Pentecôte, sans toutefois leur donner d'assurances très certaines. Mais vers cette époque la transaction aboutit. Entre temps, les délégués avaient recueilli les avis de « plusieurs doctes scavants et fameux advocatz »; à leur retour de la capitale où ils avaient passé deux mois, ils rendirent compte de leur négociation aux consuls et à une assemblée de notables qui nommèrent une commission de dix membres pour terminer l'affaire. Cette commission choisit elle-même de nouveaux délégués qui furent le lieutenant-criminel Jean Hugon, sieur de Faye, Pierre Boyol, Martial du Boys, Jean Verthamon, et qui, munis de pleins pouvoirs, retournèrent à Paris pour traiter définitivement. Le traité fut signé le 30 juillet 1566. Mais la reine, en donnant son consentement, ne se contenta pas de l'engagement formel pris par les mandataires de la ville; elle exigea en outre que la convention fut ratifiée par les habitants de Limoges avec des garanties et des formes assez solennelles qu'il est intéressant de rappeler (1).

Cette ratification fut donnée, en effet, de deux manières : En premier lieu, les citoyens convoqués à un jour fixé (25 novembre 1566), dans la maison commune du Consulat, sur avis publiés en chaire et dans les carrefours au son du tambourin et de la grosse cloche de Saint-Martial, entendirent la lecture de l'acte transactionnel faite par le scribe Pierre Mouret, déclarèrent l'accepter et jurèrent par serment et la main levée de l'observer, ce dont il fut dressé acte par les notaires Mouret et Deschamps. Puis le lendemain 26 novembre 1566, à la requête des consuls Martial du Boys et Pierre Benoist, le notaire Deschamps se rendit aux domiciles de soixante-dix des principaux habitants et recueillit leurs adhésions personnelles dans un acte formel qui contient leurs noms, parmi lesquels on remarque ceux de trois femmes (2).

(1) Les délégués s'engagèrent personnellement « à peine de mille escus en leurs propres et privés noms » à faire approuver les conditions de l'accord par leurs concitoyens et à fournir à la reine des lettres authentiques de ratification, pour la date du 24 juin de l'année suivante. L'accord avait été passé à Paris par devant Jehan Marchant et Guillaume Payen, notaires du roy au Chastellet de Paris.

(2) L'existence du procès-verbal du notaire Deschamps nous a été révélée par une intéressante communication de M. Louis Bourdery, membre de la Société archéologique et historique du Limousin, à la réunion de cette Société du 31 mars 1896. (Voir le compte rendu de cette réunion au présent bulletin, 1º livraison 1896.) Cet acte, extrait des minutes du notaire Deschamps et conservé au dépôt du fonds de la Chambre des notaires de l'arrondissement de Limoges, contient de curieux détails reproduits en partie dans notre récit.

D'après cette transaction, la vicomtesse conservait les droits de justice qui étaient un des principaux objets du litige ; mais elle renonçait à ce qu'on appelait le droit de suite en armes, aux fours et moulins bannaux, aux tailles, aux quatre cas et aux fruits perçus par les consuls dont elle avait réclamé la restitution, comme au droit d'exiger la réédification de son ancien château sur la place de la Motte, moyennant le paiement de la somme de dix mille livres qui devait être employée au rachat de la seigneurie de Ségur et qui de fait, paraît-il, servit au rachat d'autres seigneuries en Périgord (*Reg. cons.*, pages 300 et ss.). Le traité réservait jusqu'au 24 juin 1567 (fête de saint Jean-Baptiste) les questions ayant trait aux censives, péages, barreiges, vinages, ainsi qu'au pré Vicomtaut ; il ne résolvait donc pas toutes les difficultés. Encore moins pouvait-il régler les contestations qui étaient de nature à s'élever dans la suite au sujet de l'érection de juges de police choisis par les consuls, de la création d'une bourse et d'un tribunal de commerce que le roi Charles IX autorisa par lettres patentes et à laquelle les officiers de la vicomtesse firent opposition (1).

Cependant, même avec ces restrictions et dans ces limites, l'accord intervenu terminait une longue période de procès et de contestations : il marquait aussi un nouvel affaiblissement du pouvoir féodal, déjà si diminué par les privilèges reconnus de la ville et par les conquêtes de la royauté, et qui ne devait pas tarder du reste à disparaître tout à fait, avant la fin du siècle, comme pouvoir distinct, par l'effet de la réunion de la vicomté à la Couronne.

III

Les questions d'intérêt matériel cédaient le pas évidemment aux préoccupations religieuses ; la Réforme rencontrait toujours à Limoges une résistance opiniâtre ; elle était loin d'y avoir conquis le droit de cité, ni même le droit à la tolérance. Mais le parti protestant déployait tous ses efforts pour arriver à ce résultat ; assemblées, prédications, démarches et tentatives afin de rendre le culte

(1) Le conflit relatif à l'institution de deux juges de police élus par les habitants fut tranché par une ordonnance du roi du 1ᵉʳ février 1567 (*Reg. consul.*, tome II, page 325). L'élection fut maintenue. C'était encore un échec pour le pouvoir féodal et en même temps pour le parti réformé qui aurait eu intérêt à ce que cette juridiction demeurât entre les mains des officiers de la reine.

public, immixtions dans les affaires de la ville et dans les élections, recours aux parlements et aux autorités qu'il supposait être le plus sympathiques à sa cause, aucun de ces moyens d'action n'était négligé.

Les historiens locaux s'accordent à reconnaître que ce fut pendant cette période comprise entre l'année 1559 et l'année 1564, que le parti compta le plus de partisans et exerça le plus d'influence.

La majorité catholique, guidée par ses magistrats, et puisant ses forces dans l'appui du gouvernement central, luttait avec énergie sur tous les terrains et s'opposait à tous les empiètements ou aux réclamations des religionnaires. Pour combattre l'ascendant de la parole des pasteurs, on faisait venir de Rodez un prédicateur nommé Céré, qui passait pour un homme très éloquent, et devait se mesurer avec eux. Les habitants s'opposaient, comme nous l'avons déjà vu, à toutes les entreprises des protestants pour s'emparer d'une des églises de la ville et lorsque ceux-ci s'adressaient à M. de Ponthriant pour avoir un temple, les consuls résistaient formellement à cette demande en faisant valoir qu'aux termes de l'Edit d'Amboise les réformés ne pouvaient posséder qu'un temple par sénéchaussée et qu'ils en avaient déjà un à Uzerche dans le ressort de celle de Limoges.

Les protestants n'étaient pas plus heureux dans une réclamation formulée contre un emprunt de 6,000 livres que le pouvoir royal avait imposé à la ville et que la municipalité avait trouvé moyen de mettre à leur charge exclusive ; leur protestation, il est vrai, fut bien accueillie en principe ; le roi ordonna même la restitution ; mais cette restitution ne pouvait avoir effet qu'à l'encontre du roi lui-même, dans le trésor duquel les fonds étaient déjà versés ; c'était un succès assez dérisoire. Malgré tous leurs efforts, malgré la formation d'une sorte de syndicat que le gouverneur les autorisa, paraît-il, à constituer et dont un sieur Barthélémy Malherbaud fut nommé syndic, il n'y a pas apparence qu'ils aient obtenu une satisfaction réelle (1).

Un conflit aussi grave naissait au sujet des élections des consuls ; comme le parti s'efforçait de les influencer, sentant bien que le moyen le plus efficace de parvenir à ses fins était de faire entrer dans cette magistrature des hommes à lui ou qui lui fussent sympathiques, les religionnaires avaient été éliminés sous divers prétextes du corps électoral ; ils protestèrent contre les élections, et après que le roi les eut confirmées, ils les attaquèrent devant le

(1) *Histoire de la Réforme*, par M. A. Leroux, page 44.

parlement de Bordeaux, mais le roi évoqua le jugement de l'affaire devant son conseil privé, et sa sentence rendue le 22 février 1565 valida définitivement ces élections.

Ces luttes et les mesures de défense qu'il fallait prendre contre les entreprises et les incursions des gens de guerre qui parcouraient les campagnes, entraînaient des dépenses fort onéreuses pour les habitants ; pour subvenir à ces dépenses les consuls avaient demandé à la cour l'autorisation d'aliéner les riches joyaux de l'abbaye de Saint-Martial et d'autres églises de Limoges (1). Ces objets furent vendus au début de l'année 1563, mais comme ces ressources ne pouvaient suffire, on fut obligé peu de temps après, sur l'ordre du roi, de mettre aussi en vente une partie des biens fonciers des églises et le clergé dut se soumettre à cette dure exigence (2).

De tous ces faits des écrivains distingués ont cru pouvoir tirer cette conclusion, que le parti réformé avait à cette époque à Limoges une sérieuse importance. M. Achille Leymarie a écrit qu'il ne tint qu'à de certaines circonstances que la nouvelle religion ne s'implantât définitivement dans cette ville. M. Alfred Leroux admet que dès le mois de juillet 1560 les protestants y formaient un parti assez nombreux pour qu'on ait tenté, en leur nom et peut-être avec leur appui, de soulever la population contre le clergé (3). Il considère que d'après les aveux des magistrats municipaux eux-mêmes, ce parti levait assez haut la tête non seulement pour réclamer, ainsi qu'on l'a dit, contre les élections des consuls, mais encore en fait pour influencer ces élections, car les registres tenus par ceux-ci trahissent en certains passages la mauvaise humeur de leurs rédacteurs officiels.

Le même auteur, cherchant à supputer les forces du parti et les éléments dont il devait se composer, estime, mais à l'état de simple conjecture, qu'il pouvait former la dixième partie de la population du Château, lequel ne comptait guère alors plus de douze mille âmes. D'après lui, ses prosélytes devaient se recruter surtout dans

(1) A parler plus exactement, l'aliénation de l'orfèvrerie des églises avait été édictée par une mesure générale du gouvernement. Mais les consuls obtinrent que le prix des objets vendus à Limoges fut affecté au remboursement des avances ou emprunts faits pour la garde de la ville.

(2) M. A. Leroux, qui relate aussi le fait, fait observer que ces aliénations immobilières furent une des origines du morcellement de la propriété foncière que l'on a constatées à partir de cette époque en Limousin (*loco citato*, page 39).

(3) *Histoire de la Réforme*, page 31.

la bourgeoisie, de l'aveu même d'un contemporain fort mal disposé à l'égard des nouvelles doctrines (1). N'est-ce pas d'ailleurs un fait assez volontiers reconnu, que ces doctrines trouvaient généralement un accès plus facile auprès des gens exerçant des professions libérales ou artistiques, auprès de tous ceux dont les esprits cultivés étaient par cela même plus rebelles aux préjugés et à la routine, plus ouverts aux idées de morale élevée et de progrès?

Malgré la valeur de ces témoignages et de ces arguments, et en l'absence de preuves plus positives, le champ reste ouvert, semble-t-il, aux suppositions ; le parti pouvait se montrer actif et remuant, sans être très nombreux ; l'élément étranger à la cité — où voyageait beaucoup à cette époque — devait y figurer pour une assez grande part ; quant aux indigènes, qu'un certain nombre de jeunes hommes, d'artistes ou de lettrés, d'artisans ou de marchands, séduits par l'attrait de la nouveauté ou même par une certaine générosité de sentiments, se soient associés tout d'abord au mouvement, c'est ce que l'on ne saurait contester; mais ces convictions nouvelles étaient-elles assez ardentes, assez fermes et surtout assez durables pour former au sein de la bourgeoisie un noyau de dissidents qui fut réellement redoutable? La rapidité avec laquelle le mouvement réformiste décrut peu d'années après permettrait peut-être d'avoir quelques doutes.

Les mêmes historiens constatent, au surplus, que les populations limousines furent généralement récalcitrantes et opposées aux idées de réforme ; ils fournissent de cette attitude des explications un peu différentes, quoique également désavantageuses pour l'amour-propre de ces populations; mais cette constatation même semble assez mal se concilier avec les affirmations qui précèdent (2).

(1) M. A. Leroux fait ici allusion au *Registre des confrères du Saint-Sacrement* (p. 325). Il tire aussi argument des *Annales manuscrites de 1638* (page 243).

(2) L'auteur de l'*Histoire du Limousin*, dans ses études si remarquables du reste sur la bourgeoisie de Limoges, a attribué la résistance acharnée que celle-ci opposa alors à l'envahissement du protestantisme à des motifs d'ordre surtout matériel, au souci de ses intérêts pécuniaires qui lui fit rechercher avidement la protection du roi pour pouvoir mieux triompher des réclamations de ses vicomtes ; il reproche aux habitants leur égoïsme, leur servilité envers le pouvoir royal, leur mépris de la liberté de conscience, et envisage cette époque comme une période de décadence complète pour cette bourgeoisie.

La même idée de décadence se fait jour dans l'œuvre de M. Alfred Leroux, sous un aspect encore plus général, car il l'applique à l'ensemble

Ce fut, à n'en pas douter, pour encourager les réformés de Limoges, pour stimuler leur zèle, leur prêter l'appui de sa présence et leur donner des témoignages publics, que la reine de Navarre fit un nouveau voyage en cette ville au cours de l'année 1564 ; ce voyage eut-il un caractère spontané ou fut-il provoqué par les sollicitations des religionnaires de la ville? Les deux suppositions sont plausibles. C'était l'heure où Jeanne d'Albret prenait ouvertement en mains la défense de la Réforme, et manifestait déjà par des actes son désir de la faire triompher dans ses États ; elle pouvait bien ne pas négliger ses vassaux de Limoges, vassaux assez récalcitrants et qui se piquaient qu'une certaine indépendance, mais dont elle avait reçu un excellent accueil huit années auparavant.

du Limousin, à quelques exceptions près, au double point de vue moral et intellectuel ; mais le savant érudit, négligeant la remarque visant le seul mobile des intérêts, s'en prend surtout à l'état des esprits et des âmes régnant alors dans le pays ; après avoir fait une peinture très sombre de la démoralisation qui existait depuis longtemps dans le clergé limousin, articulé des faits qui établiraient une certaine désaffection des convictions religieuses chez le peuple en même temps que l'abaissement des caractères et des mœurs, il considère que l'appel de Calvin ne devait point trouver écho dans notre région ; la réforme s'adressait, dit-il, à l'un des sentiments les plus élevés de la nature humaine, celui de la personnalité libre et responsable ; c'était sans doute trop espérer des populations limousines (*Histoire de la Réforme*. Introduction, page XLVIII).

Ces appréciations des deux honorables écrivains paraissent l'une et l'autre sévères. Est-il équitable de ne voir, comme M. Leymarie, dans la résistance des bourgeois de Limoges à l'introduction d'une religion nouvelle, qu'une question d'intérêt matériel ou pécuniaire, et n'est-ce point, à l'encontre de toutes les vraisemblances, faire trop bon marché des sentiments de foi, de l'attachement aux vieilles croyances enracinées dans l'âme de nos ancêtres depuis tant de siècles, et que les désordres du temps, quels qu'ils fussent, ne pouvaient avoir mis à néant ?

D'autre part, l'affaissement, la démoralisation des esprits était-elle devenue si grande, si profonde en Limousin, que le peu de succès des doctrines protestantes ne saurait s'expliquer que par cette cause ? Mais à ce compte il faudrait en dire autant des autres provinces de la France où l'insuccès fut le même ou encore plus caractéristique. Le mal fut grand en ce seizième siècle et notre province, bien qu'assez éloignée des centres où la corruption se faisait le plus sentir, en eut sans doute sa large part. A-t-on des raisons suffisantes d'admettre que le mal y fut plus intense qu'ailleurs !

Sans vouloir faire ici œuvre de critique, nous pensons donc que le dernier mot n'a peut-être pas encore été dit sur les faits de cette période de l'histoire locale.

La reine, pendant son séjour, encouragea les prédications de tous ses efforts ; elle fit prêcher les ministres devant elle, notamment au lieu de la Croix-Mandonnaud, où les protestants se réunissaient alors de préférence. On a même prétendu qu'elle fit enlever la chaire de l'église Saint-Martial pour servir à l'usage de ses prédicants et que les chanoines refusèrent ensuite de la reprendre et la firent brûler en signe de purification.

Qui ne connaît aussi à Limoges le célèbre petit vitrail qui représente une femme en chaire, à l'ombre d'un arbre, symbole parlant de la maison d'Albret, discourant devant un auditoire assez mesquin, avec l'épigraphe :

> Gens sont fort mal endoctrinés
> Quand par femme sont sermonnés (1)

L'allusion est plus que transparente, la satyre peut être mordante, mais ce n'est qu'une satyre, vengeance de quelque adversaire malin, qui ne saurait impliquer la certitude d'un fait par lui-même trop invraisemblable et qui prouve tout au plus l'impression assez vive causée dans certains milieux par les faits et gestes de la reine.

Nous savons au surplus peu de chose de ce voyage, sur lequel les *Registres consulaires* ont gardé un silence absolu, par des raisons de prudence et peut-être aussi de convenance que l'on s'explique (2). Nous ne savons donc pas quelle fut la durée du séjour de la reine, quels rapports elle eut avec les magistrats de la ville, et il est permis de le regretter. Un annaliste dit qu'elle résida au Breuil. Le château ou plus simplement la demeure du Breuil était bien alors le lieu où descendaient les princes et les grands personnages de passage à Limoges ; mais la visite de Jeanne d'Albret avait une signification particulière et toutefois, à ce qu'il semble, rien d'officiel ; il est donc possible qu'elle ait pris logement ailleurs. Dans un rapport fait par M. Maurice Ardant à la Société archéologique

---

(1) Ce vitrail, qui existe encore, et d'une facture assez insignifiante en elle-même, a été souvent reproduit dans les publications faites de nos jours. En dernier lieu il a figuré à l'exposition de l'art rétrospectif de Limoges en 1886 et un *fac simile* a été inséré dans le compte rendu de cette exposition publié par MM. Louis Guibert et Tixier (1887, planche 82).

(2) C'est principalement dans l'ouvrage du Père Bonaventure de Saint-Amable qu'on trouve des renseignements sur le voyage de Jeanne d'Albret ; mais cette source ne saurait être consultée sans quelque circonspection (*Annales ecclésiastiques et civiles du Limousin*, 1685).

du Limousin (1), au sujet d'un groupe de médailles et de monnaies trouvées au lieu de la Couture et contemporaines de l'époque, l'auteur avait indiqué l'existence en ce lieu, et à proximité du pré Vicomtal, d'une ancienne maison connue sous le nom de Maison de la Reine (2). Que cette maison ait servi de séjour à Jeanne d'Albret, la conjecture n'a rien d'excessif, si l'on réfléchit qu'elle était située en dehors de la ville et dans un quartier où les réformés avaient tenu et tenaient peut-être encore des réunions.

La princesse dut quitter Limoges assez peu rassurée sur les résultats de ses démarches et sur le succès de sa propagande. Il est constant qu'après son départ l'église réformée de Limoges ne fit pas de progrès et que dans les années qui suivirent elle alla même en déclinant. Jeanne d'Albret conservait toutefois dans la place des intelligences et des sympathies et n'avait pas renoncé à tous projets pour l'avenir; on en verra quelques preuves par la suite. Mais pour l'instant les esprits en étaient encore aux idées de modération relative et aux ménagements réciproques; il ne faut pas oublier qu'à cette date les contestations au sujet des droits féodaux n'étaient pas encore réglées et qu'elles ne le furent que vers la fin de l'année 1566. Les habitants et les consuls qui poursuivaient leurs pourparlers amiables, tout en se maintenant au point de vue religieux sur le terrain d'une résistance tenace, devaient sans aucun doute éviter les occasions de froisser inutilement leur suzeraine et de perdre ses bonnes grâces. C'était là le fait d'une politique habile, mais sage après tout, car on n'eut guère compris qu'ils eussent trahi leur foi pour sauvegarder leurs intérêts pécuniaires, et pas davantage qu'ils eussent sacrifié ces intérêts à la satisfa... de faire preuve d'une hostilité ouverte et déclarée.

Mais à mesure que les évènements vont se presser et les querelles s'aggraver sous l'influence des menées ambitieuses des politiciens, que du domaine des consciences la lutte passera de nouveau et plus ardente que jamais aux actes et aux faits, l'antagonisme des habitants de Limoges vis à vis de leur suzeraine ou du parti dont elle est devenue le champion, prendra aussi un caractère plus marqué. La guerre civile continue à ensanglanter le Béarn et les provinces du Midi; presque partout ailleurs elle est à l'état de menace. En 1567 éclate la seconde guerre générale de religion

(1) *Bulletin de la Société archéologique et historique du Limousin*, tome IX, page 137).

(2) Cette indication est purement hypothétique, car l'existence d'une demeure dite maison de la reine au lieu de la Couture n'a pas été parfaitement démontrée.

signalée par la victoire des troupes royales à Saint-Denis, et bientôt suivie de la paix de Longjumeau ; mais cette paix ne dure que six mois. En cette même année 1567, les bourgeois de Limoges invoquent le secours de MM. d'Escars et de Lavauguyon pour les protéger et ils fondent, à l'encontre des Huguenots, une sorte de ligue placée sous l'invocation de la Sainte-Croix dont la fête se célèbre le 3 mai, et qui réveille toutes les ardeurs des catholiques (1).

Les consuls eux-mêmes, sans se départir de leur prudence habituelle, font cause commune avec les habitants ; en cela ils obéissent au sentiment général qui est aussi vraisemblablement celui de la grande majorité d'entre eux, non moins qu'aux vœux et aux instructions des agents du pouvoir central. Ne cèdent-ils pas en outre à cette appréhension que les dissidences religieuses en s'affirmant n'amènent de plus grands désordres et des luttes à main armée entre les citoyens, et peut-être aussi dans quelque mesure, à cette pensée qu'en combattant les réformés ils combattent non seulement les adversaires de leur religion, mais encore les ennemis du roi ? (2)

(1) C'est peu de temps après la formation de cette ligue que se place le passage dans la ville de Montluc et de ses bandes qui étaient composées de 3,000 hommes de pied et de plusieurs compagnies à cheval. Les soldats laissèrent une marque de leur passage en brûlant les bans charniers de la Cité (*Journal de Pierre de Jarrige*).

(2) Selon M. Alfred Leroux, l'attitude des consuls ne devint hostile à la reine de Navarre que dans les années qui suivirent son voyage à Limoges en 1564 ; jusqu'alors, fait-il observer, ces magistrats surent conserver la neutralité ; mais plus tard ils durent subir l'ascendant, peut-être même la pression des agents du gouvernement central, sans compter les craintes assez légitimes que pouvait leur inspirer la perspective des guerres civiles.

Si l'on suit cependant avec attention leurs actes dès l'origine des dissensions religieuses, actes que nous avons relatés brièvement, on voit les consuls de Limoges prendre en mains en plus d'une circonstance les intérêts de la population catholique, s'opposer aux tentatives des réformés, recourir contre eux auprès du roi ou des autorités compétentes, ou même prendre à leur sujet des mesures assez caractérisées, telles que celle qui les tenait à l'écart du corps électoral ou encore la décision qui mettait à leur charge exclusive l'impôt extraordinaire de 6,000 livres. Aucun fait positif de leur part ne semble indiquer la neutralité, dans le sens nécessaire du mot, pas même le fait d'avoir gardé le silence dans leur chronique sur les événements qui marquèrent le voyage de la reine, car cette abstention peut s'expliquer par des motifs de vulgaire prudence. N'est-il pas au contraire probable que les consuls eurent toujours la même ligne de con-

IV

L'année 1569 ouvrit de nouveau en France l'ère générale des hostilités ; et cette fois la guerre se trouva portée en Limousin pour une période du reste assez courte ; battue en effet par le duc d'Anjou à Jarnac, où son chef le prince de Condé trouva la mort, l'armée protestante se retira d'abord en Saintonge pour se rapprocher bientôt du Limousin où elle espérait faire sa jonction avec les renforts de troupes allemandes envoyées à son secours. Le succès répondit à cette attente. Après la mort des princes, l'amiral de Coligny avait été reconnu sans conteste comme général en chef de cette armée ; la reine de Navarre le secondait de tous ses moyens et de toute son énergie ; on sait qu'elle lui avait conduit elle-même son fils Henri, alors à peine âgé de seize ans. C'était de tous les gages le plus cher et le plus précieux que son prosélytisme put offrir à la cause. Elle-même ne perdait guère de vue le théâtre des évènements. Elle ne revint pas à Limoges, mais il est permis de supposer qu'elle se trouvait dans la région à la veille des faits que nous avons encore à retracer ; un de ses biographes dit même qu'elle tint à cette époque des conciliabules à Châlus avec les autres chefs réformés (1).

Coligny, parti de cette dernière localité, s'était emparé de la ville d'Aixe, tandisque les Allemands conduits par Wolfgang, duc de Deux-Ponts, s'avançaient pour le rejoindre, après avoir échappé non sans grandes pertes aux poursuites des ducs d'Aumale et de Nemours, et accomplissant ainsi à travers la France une marche des plus audacieuses.

Menacés des deux côtés, les bourgeois de Limoges avaient réclamé l'assistance du duc d'Anjou, qui de Razés où il était campé, se

---

duite, mais que tout en marchant d'accord avec la majorité de leurs concitoyens dans la résistance au protestantisme, ils se montraient assez circonspects, s'attachèrent surtout à pacifier les esprits, à éviter toutes violences inutiles comme tous conflits directs avec Jeanne d'Albret, et firent preuve ainsi d'une sagesse et d'une modération assez méritoires dans des temps aussi troublés ?

L'opinion de M. Achille Leymarie qui incrimine le rôle tenu par ces magistrats comme celui de leurs administrés eux-mêmes, en l'expliquant par la seule considération des intérêts, ne saurait en tous cas être acceptée.

(1) *Histoire de Jeanne d'Albret*, par Mlle Vauvilliers — Tome II, page 341.

mit en marche et arriva à Couzeix la veille de la Fête-Dieu. Le duc se rencontra à Limoges avec la reine-mère et les cardinaux de Lorraine et de Bourbon qui étaient logés au Breuil et avaient reçu un accueil très empressé des habitants. Puis, transportant ses quartiers à Isle, il alla incendier les faubourgs d'Aixe, et après une lutte assez vive, reprit cette place aux Huguenots.

L'amiral recula vers Saint-Yrieix et dans son mouvement il fut rejoint par l'armée allemande qui avait passé la Vienne à Saint-Priest-Taurion, déjouant la manœuvre des troupes envoyées au gué de la Salesse pour s'opposer à son passage (1).

De la ville de Saint-Yrieix, surprise par le comte de Bonneval qui l'avait ravagée et pillée, au dire de Pierre de Jarrige, les princes protestants adressèrent une requête au roi pour demander de nouveau le libre exercice de leur religion et la convocation d'un concile; mais la parole était aux armes et non plus aux négociations.

Deux jours après, le 25 juin, se livrait le combat de la Roche-l'Abeille; ce ne fut guère qu'une escarmouche entre les avant-gardes des deux armées, mais avec cette particularité que les rangs de celles-ci comprenaient des soldats de quatre nationalités différentes. Les réformés français et allemands avaient en effet pour adversaires les troupes du duc d'Anjou, qui, en plus des soldats du duc d'Aumale et d'un certain nombre d'Espagnols, avait reçu un secours de trois mille Italiens et de douze cents chevaux, envoyés par le Pape, sous la conduite du comte de Santa Fiora (2).

Les catholiques furent obligés de se retirer, après avoir perdu un assez grand nombre de gentilshommes, parmi lesquels se trouvait le sieur de Massel, dont la mort causa un grand deuil aux bourgeois de Limoges et qui fut inhumé avec pompe dans l'église Saint-Pierre-du-Queyroix de cette ville (3).

La coalition réformée éprouva dans le même temps une perte des plus sensibles, mais à laquelle le fer ou le feu de l'ennemi demeura étranger, en la personne du duc des Deux-Ponts, qui mou-

---

(1) *Revue archéologique*, par M. l'abbé Arbellot, page 100 et 104. V. aussi *le Journal de Pierre de Jarrige*.

(2) Mémoire de Castelnau.

(3) Le combat de la Roche-l'Abeille et les mouvements militaires qui le précédèrent ou l'accompagnèrent, ont été relatés avec quelques détails dans certaines chroniques de l'époque; rappelons aussi, que M. d'Hennin, en a publié un commentaire technique dans le *Bulletin de la Société Historique et Archéologique du Limousin*. (Tome IV, p. 108 et T. V, p. 161).

rut presque subitement d'un accès de fièvre quarte, à ce qu'il semble, aux environs de Nexon (1).

Les hostilités continuèrent pendant la fin de l'année 1569, mais en dehors du Limousin, dans l'Angoumois et le Poitou, où elles furent marquées par la victoire des catholiques à Moncontour, victoire bientôt balancée par un succès de leurs adversaires à Arnay-le-Duc.

Ces alternatives amenèrent de nouveaux pourparlers qui aboutirent à la paix, dite de Saint-Germain, et à un nouvel édit de pacification par lequel les protestants obtenaient, au grand mécontentement des catholiques, des garanties importantes et dont le résultat eut été très profitable pour leur cause, si peu que les intentions de la cour eussent été sincères. La reine-mère, fidèle à la politique de bascule dont elle avait déjà fourni maintes preuves, ménageant tour à tour chacun des partis opposés pour mieux arriver à l'affaiblissement de tous les deux, chercha alors à se rapprocher des Huguenots et employa tous ses efforts et ses artifices pour attirer la reine de Navarre à Paris, laissant entrevoir dès ce moment la possibilité d'un mariage entre le prince Henri de Béarn et la sœur du roi Charles IX.

On sait que parmi les concessions faites aux réformés par le nouvel édit, figurait celle de quatre places de sûreté qui furent celles de La Rochelle, de Cognac, de Montauban et de La Charité. Certains passages de la chronique des consuls ont permis de supposer que Jeanne d'Albret aurait usé de son pouvoir pour y faire ajouter celle de Limoges ; cette interprétation peut paraître excessive : quels motifs valables eut pu invoquer la reine d'imposer une mesure de ce genre à une cité où son parti était trop peu nombreux et la majorité catholique réellement trop considérable, pour que cette mesure ne fut pas considérée comme une violence faite aux sentiments de la population ? Quelque fut son désir de vaincre la résistance de cette population, ou encore d'avoir dans le centre Ouest du pays et dans une province relevant de son hommage, un nouveau lieu de refuge ou de rendez-vous pour les siens, elle n'aurait pu compter sur la réussite d'un tel dessein. Il paraît plus probable que la reine, prétextant de l'édit qui permettait en principe le libre

---

(¹) Le père Daniel a écrit qu'il avait succombé à un excès de boisson, mais son assertion manque de preuves.

D'après plusieurs chroniques, le corps du duc fut transporté à Angoulême, puis à La Rochelle, et de là, par mer, dans son pays. La pierre que l'on montrait près de Nexon, comme marquant le lieu de sa sépulture, n'a certainement pas le caractère qu'on a voulu lui assigner.

exercice du culte protestant, voulut l'imposer dans la ville, et dans des conditions qui eussent beaucoup modifié l'état des choses (1).

Quelques fussent en tout cas ces intentions et ces démarches, les consuls en ayant été informés, y firent une très vive opposition, et le gouvernement du roi leur donna raison.

Jeanne d'Albret, dont le caractère entier et résolu souffrait difficilement la contradiction, conçut de cet échec une irritation dont les annales limousines ont conservé le souvenir.

Lorsqu'un peu plus tard, la reine, après de longues hésitations, se fut décidée à se rendre à la cour pour prendre part aux pourparlers de l'union projetée entre son fils et la princesse Marguerite de Valois, les consuls n'oubliant pas leurs devoirs de déférence envers leur suzeraine, lui envoyèrent des députés pour l'engager à passer par Limoges ; la reine avait en effet deux chemins pour gagner Paris, celui de Poitiers qui était plus commode pour l'escorte et les équipages, et celui de Limoges, qui devait offrir plus de ressources aux voyageurs ; telle est du moins la remarque consigné aux *Registres consulaires*. Mais les députés, Jean Pénicaud et Martin Dubois, (ou Benoist), accompagnés de deux bourgeois, ne purent rejoindre Jeanne d'Albret qu'à Mareuil, en Périgord (2). Celle-ci leur fit un accueil très froid et leur adressa même quelques paroles piquantes qui témoignaient de ses rancunes.

On ne saurait mieux faire ici peut-être, que de reproduire cette partie du récit, extraite des *Registres* : « ... M. de Biron, qui lors la conduisait (la reine), les présenta à la dicte dame à lad. heure qu'il vit la plus opportune. Par la réponse de la dicte dame, bien qu'elle reçeupt humainement et à la coutume des princes et grands

---

(1) Il est difficile de savoir exactement par les passages des *Registres* que nous relatons plus loin dans notre récit et qui sont ceux dont on a raisonné, qu'elles étaient les prétentions de Jeanne d'Albret ; en cette circonstance comme en d'autres, les rédacteurs de ces sortes de procès-verbaux se montrent très circonspects, très sobres d'explications, et se bornent à des allusions générales, sans préciser les points en difficulté.

L'auteur de l'*Histoire de la Réforme en Limousin* a admis l'hypothèse dont nous avons parlé, tout en reconnaissant d'ailleurs que la demande de la reine pour faire de Limoges une place de sûreté n'était guère admissible. Il ajoute cette réflexion judicieuse, à savoir que l'échec de cette demande dût épargner à la ville, pour l'avenir, bien des luttes et des ruines. Il est certain que sa réussite eut entièrement changé les destinées de cette ville. (*Histoire de la Réforme*, p. 68).

(2) Les *Registres* assignent à cette rencontre la date du 26 janvier 1572, mais cette date paraît hasardée. Voir note de M. Emile Ruben, *Reg. consul.*, tome II, page 377.

seigneurs, les depputés descouvrirent quelque mescontentement, pour ce que la dicte dame declaira sestre toujours employée comme ferait à ladvenir pour tous ceulx qui luy avoient esté bons et loyaulx subjects en la dite ville et ailleurs, faisant taisiblement entendre qu'elle ne réputait indifféramment pour telz tous les habitants de la dicte ville. Telle différences, selon le jugement de ceulx qui sceurent raporter l'intention des hommes à lhimeur et passion qui les conduit, dependait de la diversité des religions et du mainement de la ville au temps des guerres passées, auquel Limoges ne recogneu aultre que le roy, et quelques pactiques et conspirations qu'on heust dressé pour le ruyner et livrer en proye, voire que, selon lapparence extérieure, elle heust souvent esté proche de sa désolation, toutes foys ne peult estre divertie de lobeyssance de son souverain ne tant soit peu favoriser les ennemis de sa majesté ».

Un secrétaire de la reine accentua ces reproches, en les rendant beaucoup plus clairs : « ... Reprochant arrogamment et rudement que les cytoiens de Limoges estoient les plus malings et desobeyssants subjectz de la dicte dame ; que toute leur vie ilz avaient plaidé contr'elle et reffusé luy obeyr en tous ses commandementz, mesmes les derniers jours qu'elle avait voulu establir auc-dit Limoges l'exercice de sa religion où elle avait éleu son domicile ».

Les représentants de la ville se défendirent modestement, rapporte la chronique, faisant remarquer l'inconvénient qu'il y avait d'établir la nouvelle religion au milieu d'un peuple zélé catholique et en faisant valoir enfin l'obéissance qu'ils devaient aux édits royaux.

La colère du secrétaire fut un peu apaisée, et « il remit les depputés en court pour le différent de la Cité ». Ceux-ci accompagnèrent Jeanne d'Albret pendant une certaine partie de la route pour « la mieux contenter par obeyssance et service » et ils la suivirent toute la journée jusqu'au château de Marthon, où le congé leur fut donné à une heure très tardive, « tellement qu'ils furent contraincts, pour trouver logis et retraite, cheminer une grande partie de la nuict ».

La reine ne se tenait point du reste pour battue ; elle avait des intelligences dans la ville, peut-être même au sein du consulat (1). Partie de Mareuil, elle s'était dirigée vers Blois où se trouvait la our et où elle arriva dans les premiers jours de mars 1572. C'est

(1) On l'a supposé ainsi, d'après quelques indices, notamment d'après une phrase qui se trouve dans le récit du voyage en cour, relaté plus loin, récit qui, soit dit en passant, est d'une rédaction assez remarquable

là que la rejoignit presque en même temps une nouvelle députation, composée de Jehan Pénicaud, cousul, et de Jehan Dubois, maistre de la monnaie ; la mission de ces délégués était double; elle avait en effet pour objet, d'une part, le règlement du différend avec la Cité, au sujet duquel la reine avait « remis en court » les envoyés de Mareuil, et d'autre part, la querelle religieuse, laquelle ainsi était loin encore d'être tranchée. Le différend avec la Cité était relatif aux marchés qu'on avait voulu établir dans l'intérieur de celle-ci, au mépris des privilèges de la ville ou Château, à l'instigation ou avec l'appui de « ceulx qui se disaient consulz de la Cyté » (1). Pour le succès de leur cause, les délégués devaient compter sur la protection de la reine de Navarre, seigneur de la ville, mais en même temps, sur l'opposition possible de Mgr de l'Aubespine, évêque de Limoges, co-seigneur et protecteur naturel de la Cité. Sur la question de la religion, ils espéraient au contraire en la faveur et dans le crédit de ce dernier, membre du conseil privé, pour « s'opposer et moyenner, selon le dheu de sa charge, que la reine de Navarre n'establit en la ville cappitale de son evesché lexercice de la dite religion prétendue ». Il leur fallait donc user de grands ménagements et de beaucoup de diplomatie pour arriver à leurs fins. Ils réussirent du reste auprès de l'évêque, comme auprès de Monsieur frère du roi et de la reine-mère, sur les deux points. La difficulté avec la Cité se termina par une transaction avantageuse pour les deux parties ; et en ce qui concernait le point de savoir si la reine de Navarre aboutirait dans ses efforts pour établir à Limoges sa religion, la reine-mère à qui les délégués avaient bien voulu faire entendre l'extrême péril et la ruyne qu'on préparait pour la dicte ville, s'il plaisait au Roy la priver du bon office de ses ecditz et franchise du dit exercice », les assura « qu'il nen y aurait et qu'il nen fallait avoir craincte ».

Quant à la vicomtesse, ils attendirent vainement quinze jours qu'elle voulut bien leur donner audience, et las d'attendre, ils durent repartir sans en avoir été reçus. Ce fut la vengeance de Jeanne d'Albret, vengeance du reste platonique, puisque les délégués avaient obtenu de l'évêque une satisfaction suffisante.

Les choses en demeurèrent là. Les catholiques de Limoges triomphaient en définitive dans leur opposition à la propagande de la religion réformée, et aux tentatives de la reine. Les consuls, comme on l'a écrit, avaient eu pour but de conserver l'intégrité catholique du corps municipal, et sans doute aussi de la ville elle-même, est-il permis d'ajouter : « Ils y réussirent, fait remarquer

(1) Ce sont les termes mêmes de la phrase à laquelle fait allusion la note précédente.

M. Leroux, mais en mettant leurs concitoyens hors la loi ». La résistance de ces magistrats, comme celle des citoyens, ne fut certainement pas toujours exempte de procédés arbitraires ni même de violences. Mais pouvait-on leur demander de se montrer plus sages et plus libéraux que la plupart des hommes de leur temps? Les habitants de Limoges étaient demeurés, malgré les défaillances des idées et des mœurs, profondément attachés de conviction ou de sentiments aux vieilles croyances de leurs pères ; le respect de la liberté de conscience, qui était un principe trop nouveau pour le siècle, disparaissait, à leurs yeux, devant ce qui leur semblait être une nécessité supérieure, celle de faire cesser les dissidences pour mieux assurer l'union des citoyens et la tranquillité du pays.

Après une lutte religieuse qui avait duré près de douze ans, la ville de Limoges, jouit d'un calme relatif; si elle fut encore témoin de quelques troubles et de quelques excès à l'époque de la Saint-Barthélémy (1) et plus tard pendant la ligue, elle ne fut guère atteinte cependant par les événements politiques, encore moins par les longues guerres qui désolèrent une grande partie de la France. Le parti réformé y comptait sans doute et y compta même au siècle suivant, un certains nombre d'adeptes, mais ce nombre décroissant, et en tous cas trop minime, ne pouvait réveiller les alarmes sérieuses des catholiques.

(1) A consulter aux *Registres Consulaires* (tome II, page 387) le récit signé : J. Pénicaud, qui se rapporte aux événements de la Saint-Barthélemy. Ce récit laisse entendre que s'il n'y eut pas de massacres ordonnés à Limoges, c'est que les consuls et les agents des autres autorités n'avaient reçu aucune instruction de la cour, et en outre que la populace en prenant les armes, aurait bien pu s'en servir, non seulement contre les protestants, mais encore contre les citoyens qui passaient pour être fortunés. L'abstention des magistrats en cette triste circonstance ne parait donc pas avoir été dictée par des sentiments d'humanité et de générosité qu'on aurait aimé à leur prêter. Ceux-ci cependant, après avoir mentionné qu'ils envoyèrent une missive au roi pour connaître ses intentions et marquer leur bonne volonté à les suivre, ajoutent que par ces moyens, on retarda l'exécution du massacre « qu'aucuns avaient préparé et entrepris et presque commencé en la dicte ville », et plus loin « Ainsi la ville fut soulagée et le peuple retenu en tranquilité, jusqu'à ce que le Roy escripvit aux consulz sa volonté et peu après la declaira plus ouvertement par edltz publiés en ce siège ».

Tout cela n'est pas très clair. Pour pouvoir discerner le fond de la pensée des magistrats, et apprécier les mobiles sans doute assez complexes auxquels ils obéissaient, il faudrait peut-être tenir compte de certaines considérations, ne pas oublier par exemple, qu'ils devaient être poussés par l'opinion, obligés de la ménager et de prendre avec elle certaines précautions dans leurs actes et même dans leurs récits.

V

Au cours de cette notice, nous avons pu relever deux voyages bien authentiques de Jeanne d'Albret à Limoges, et un troisième seulement probable dans la région de la province qui avoisine le Périgord. Il n'est pas impossible, mais il est peu vraisemblable qu'elle y soit venue en quelque autre circonstance que les chroniques ou récits du temps auraient négligé de signaler. En tous cas, ces voyages et ces séjours furent évidemment de très courte durée ; on ne saurait guère les envisager que comme de simples incidents de son existence si active et si mouvementée. Il convient du reste de faire observer que dans les *Mémoires* qu'elle a laissés, Jeanne d'Albret, non seulement ne dit mot de ces visites en Limousin, mais qu'elle ne fait même pas allusion à ses démêlés et à ses rapports avec les habitants de Limoges (1). A la remuante princesse, à l'adversaire intrépide de la maison de Lorraine, il fallait assurément une scène plus vaste pour y développer les facultés remarquables dont la nature l'avait douée, pour y poursuivre les desseins que lui inspiraient son prosélytisme religieux ou sa politique.

Il n'y a pas place dans cette carrière si remplie, ni surtout dans les dernières années d'une vie qu'il est facile de suivre presque pas à pas, pour un séjour prolongé dans le Limousin, dans la ville d'Aixe, encore moins que dans d'autres localités de la province. Cette ville, dont l'amiral de Coligny s'était emparé en 1569 et dans laquelle la nouvelle religion comptait sans aucun doute quelques adhérents (2), était demeurée fort peu de temps entre les mains des

---

(1) *Les Mémoires* de Jeanne d'Albret, ont été édités par M. le baron de Ruble (Paris, imp. Paul Huart et Guillemin. 1893). M. de Ruble est du reste de tous les historiens et érudits de nos jours, celui auquel on doit les travaux les plus étendus et les plus complets sur le sujet de Jeanne d'Albret; il a publié successivement, le *Mariage de Jeanne d'Albret*, (in-8° Labitte, 1877), *Antoine de Bourbon et Jeanne d'Albret*, 4 volumes, in-8°, Labitte, 1881-86. Ce dernier ouvrage a été honoré par l'Académie des inscriptions et belles-lettres du grand prix Gobert. La suite de ces travaux, qui aura trait à Jeanne et à la Réforme, a été annoncée il y a déjà quelques années.

(2) Aixe ne paraît pas avoir eu jamais d'église particulière ; on sait seulement que Brunel du Parc, qui était ministre à Limoges, vint y prêcher en 1562 ; le culte réformé ne tarda pas à être proscrit de cette ville ; il est vrai que ce culte s'établit dans une châtellenie voisine, celle de Rochefort, aujourd'hui, commune de Séreilhac. (*Histoire de la Réforme*, p. 49.)

protestants ; elle avait été reprise, comme on l'a vu, presqu'aussitôt après par l'armée du duc d'Anjou.

Mais de plus, le château d'Aixe ne faisait plus partie des domaines de la maison d'Albret depuis le 19 avril 1555, car à cette date, la châtellenie d'Aixe avait été cédée par Antoine de Vendômois et de Beaumont, stipulant pour lui et Jeanne de Navarre son épouse, à Claude de Rochechouard, vicomte de ce lieu, en échange de tous les droits que celui-ci possédait dans le comté de Brûlois (1).

Si tous les témoignages de la vie de la reine protestent contre l'hypothèse d'une résidence en ce lieu, les circonstances qui marquèrent sa mort permettent encore moins de supposer que son corps ait pu y être, à quelque moment que ce fut, transporté.

Jeanne mourut à Paris, le 9 juin 1572, à la suite d'une courte maladie ; partie de Blois le 15 mai, après un voyage de huit à neuf jours, elle était arrivée dans la capitale où l'appelaient les solennités et les fêtes ordonnées par le roi pour célébrer la réconciliation apparente des partis et le mariage prochain du prince de Navarre avec Marguerite de Valois ; elle avait pris logement, paraît-il, non à la cour, mais rue de Grenelle, dans la demeure de Jean Guillard, ancien évêque de Chartres, qui était un fervent protestant et avait même été excommunié par le pape Pie IV, en 1563. C'est là que la reine fut prise le 4 juin d'une fièvre violente, qui amena sa mort quelques jours après ; elle était âgée de quarante-quatre ans.

Cette mort si rapide, qui fut accueillie à la cour par une douleur trop bruyante pour être bien sincère, donna lieu immédiatement aux accusations les plus graves ; on prononça très haut le mot d'empoisonnement ; et le roi Charles IX donna l'ordre de procéder à l'examen du cadavre ; le résultat de cet examen fut que toutes les parties du corps étaient saines et nettes de substances toxiques ; mais, au dire de certains chroniqueurs, l'autopsie du cerveau ne fut pas faite, malgré les injonctions réitérées du roi, et c'était dans cet organe, assurait-on, que l'on eut pu reconnaître les traces de ce poison subtil, que le parfumeur René, italien d'origine et protégé de la reine-mère, lui avait fait respirer dans une paire de gants qu'il lui avait vendue.

L'accusation n'avait rien d'étrange pour l'époque, mais elle ne fut jamais matériellement démontrée. La croyance que la princesse était morte d'une affection subite, foudroyante même, mais natu-

---

(1) Le document relatant cette cession ou transaction existe à la Bibliothèque nationale, fonds Doat, f° 195. Il a été relaté par M. de Rochambeau, dans son étude de *Jeanne d'Albret et d'Antoine de Bourbon*, et aussi dans le *Bulletin de la Société Archéologique du Limousin*, tome XXXI, p. 103.

relle, était d'ailleurs très plausible. Claude Begin, évêque d'Oloron, ancien conseiller et maître des requêtes de la Navarre, écrivit sur l'événement une notice publiée à Lyon, où il était dit que: « Jehanne était morte d'une pleurésie contractée par elle le 3 juin » (1). Dans une lettre, datée de Chanoy, le 13 juin et adressée à M. d'Arros, lieutenant général de Béarn, Henri de Navarre lui mandait qu'il venait d'apprendre que sa mère était morte à Paris, d'une pleurésie qui avait duré cinq jours, quatre heures (2). Cette croyance a été acceptée par la plupart des historiens dignes de foi.

D'après des relations contemporaines, la reine de Navarre était morte en exhortant ses coreligionnaires politiques, et en montrant au milieu des souffrances la fermeté d'âme et la constance inébranlable dont elle avait fait preuve toute sa vie. Avant de rendre le dernier soupir, elle avait dicté à deux notaires son testament par lequel elle instituait son fils Henri pour légataire universel, faisant diverses stipulations au profit de sa fille Catherine et de ses serviteurs, nommait pour exécuteurs testamentaires le cardinal de Bourbon et l'amiral de Coligny, et demandait au roi de France de protéger ses enfants dans l'exercice de leur religion.

Une autre clause de ce testament est à retenir, car elle y demandait expressément que son corps fut transporté à Lescar, aux environs de Pau, pour être inhumé auprès de ceux de sa mère et de son père Henri d'Albret, selon le rite protestant et sans aucune pompe.

Le vœu émis par la reine était formel, mais comment fut-il rempli?

La majorité des annalistes s'accordent à dire qu'après les funérailles de la reine, qui furent célébrées dans toute la simplicité du culte réformé, son corps embaumé et mis dans un cercueil de plomb, garni de velours noir, mais sans armoiries et sans aucun ornement, fut, d'après les ordres du roi et de la reine-mère, transporté à Vendôme, et enseveli dans la sépulture de la famille de Bourbon, où reposait son mari. Une somme de six mille livres fut même empruntée et employée à cet effet.

Mais un des biographes de Jeanne d'Albret, Mme Vauvilliers, fait observer que, d'après un mémoire dont le témoignage est respecté,

---

(1) Cette notice a été insérée par extrait dans l'ouvrage de M. de Rochambeau que nous avons cité plus haut.
Claude Begin fut le quarante-quatrième évêque d'Oloron, et occupa ce siège de 1560 à 1580.
(2) D'après une autre version, la reine aurait succombé à une affection nerveuse.

Henri de Navarre fit transporter dans la suite les restes de sa mère à Lescar auprès des sépultures de ses parents.

La biographie de M⁽ˡˡᵉ⁾ Vauvilliers est une publication déjà ancienne, mais fort étendue et nourrie de faits, en même temps que très sympathique à son sujet; l'auteur y déclare qu'elle a puisé ses informations dans les mémoires et dans tous les documents de l'époque et de la période qui l'a suivie (1).

Mais elle n'a pas indiqué plus clairement le mémoire auquel elle fait ici allusion.

Or aucun de ces mémoires contemporains, que nous avons pu consulter, ne fait mention du transport à Lescar.

L'assertion admise par le biographe n'est pas cependant une opinion isolée ; on la retrouve dans d'autres écrits ; il est même intéressant de rappeler que notre vieux chroniqueur Limousin, le Père Bonaventure, a rapporté purement et simplement que Jeanne d'Albret avait été inhumée en Béarn auprès de son père, sans même parler d'un ensevelissement antérieur à Vendôme (2).

Lescar est une petite ville, située à deux lieues de Pau, qui eut jadis son importance et qui fut même le siège d'un évêché jusqu'en 1790. C'était à Lescar que se trouvaient les tombeaux des princes ou du moins de plusieurs des princes de la famille de Navarre.

On aime à supposer sans doute que le fils et l'héritier de Jeanne, devenu plus tard le roi de France, ait tenu, avant son avènement ou pendant son règne, à remplir les dernières volontés de sa mère, ne fût-ce que pour obéir à un devoir de piété filiale, qui devait du reste répondre à la générosité de son caractère et à son amour du pays natal.

Cependant, le fait du transport de Vendôme à Lescar n'est rien moins que certain ; il n'existe aucun témoignage matériel ou même moral de cette translation qui aurait été assez dispendieuse et qui par cela même, aurait laissé quelques traces dans les annales de la province de Navarre, ou dans les comptes de la maison royale ; or les annales sont muettes et les comptes, que l'on pos-

---

(1) Elle cite notamment les mémoires de l'Estoile, de Duplessis-Mornay, de Castelna les manuscrits de Fontanieu, de Mesmes, le fonds de la bibliothèque de Laussat, etc...

Histoire de Jeanne d'Albret, par M⁽ˡˡᵉ⁾ Vauvilliers, t. III, p. 191 (Paris, Guitel et Janet, 1818, 3 vol. in-8.)

(2) C'est probablement sur la foi de ces documents, que le *Guide des Pyrénées* de M. Joanne mentionne l'église de Lescar comme ayant reçu les restes de Jeanne d'Albret.

sède encore, ne contiennent aucune pièce, aucune indication qui puisse faire présumer le fait (1). Il est permis d'ajouter que pendant les guerres civiles qui avaient désolé cette province, les tombes royales avaient été bouleversées par les protestants, et qu'il y avait peut-être quelques raisons judicieuses, même pour un fils pieux, de laisser reposer en paix les cendres de la reine à Vendôme.

En résumé, le point certain, indéniable, c'est que Jeanne d'Albret fut transportée et inhumée à Vendôme, dans l'église collégiale de Saint-Georges, à côté de son mari et de son premier né, le duc de Beaumont, qui était décédé un peu moins de deux ans après sa naissance, au château de La Flèche, le 20 août 1553 (2).

Quant à la seconde inhumation à Lescar, elle reste à l'état de conjecture.

Mais aucun doute ne saurait subsister en ce qui concerne la prétendue tradition limousine.

Les restes informes du vieux château d'Aixe qui montrent encore quelques ruines croulantes et rongées de lierres, au dessus des eaux limpides de la belle rivière de Vienne, ont assisté sans doute à bien des événements de notre histoire locale ; mais leurs échos ne sauraient redire le nom de la célèbre reine qui a été pour eux une étrangère dans sa vie comme dans sa mort.

(1) Ces renseignements nous ont été fournis par M. Raymond, ancien archiviste de Pau, puis secrétaire général de préfecture des Basses-Pyrénées, qui consulté par nous sur la question, nous a déclaré que son opinion était que le corps de la reine était resté à Vendôme.

(2) M. le marquis de Rochambeau a donné le texte de l'épitaphe de la reine qui se trouvait dans le caveau du chœur de l'église, à la suite de l'épitaphe de son mari. (*Galerie des hommes illustres du Vendômois* — Vendôme, typ. Lemercier, 1879).

Limoges, Imp. V° H. Ducourtieux, rue des Arènes.

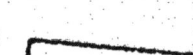

www.ingramcontent.com/pod-product-compliance
Lightning Source LLC
Chambersburg PA
CBHW061017050426
42453CB00009B/1498